CÓCTELES LEGENDARIOS

por

Murray Powell

Legend Cocktails
Cócteles Legendarios

Nicolás San Juan 1043, Col. del Valle
C. P. 03100, México, D. F.
Tels. (52) 5575-6615, 5575-8701, 5575-0186
5575-1716, Fax. (52) 5575-6695.
http://www.grupotomo.com.mx
ISBN: 970-666-534 - X
Miembro de la Cámara Nacional
de la Industria Editorial No. 2961

Traducción: Marco Antonio Garibay y Lorena Zebadúa
Formación tipográfica: Servicios Editoriales Aguirre, S. A.
Supervisor de Producción: Leonardo Figueroa
Portada: Trilce Romero

Impreso en Singapur - Printed in Indonesia

Contenido

CÓCTELES LEGENDARIOS

CÓMO OFRECER UNA FIESTA DE CÓCTEL EN CASA

INTRODUCCIÓN

Al degustar un exuberante cóctel, todo mundo exclama: "Mmmm, ¡Dios, qué delicia! Sabe mejor que el ron con Coca Cola" (si es lo que acostumbras beber).
Ahora tienes la oportunidad de tener esa misma sensación en la comodidad de tu hogar.
Pon atención a mis consejos y, sobre todo, diviértete.

Murray Powell

CONSEJOS GENERALES

No tienes la obligación de saber o tener todo, pero a continuación te presento una lista de cosas que debes considerar:

- ¿Tengo que comprar o pedir prestada una *licuadora* y una *coctelera*?
- ¿Ya cuento con los *vasos*? ¿Debo buscar en una tienda un par de docenas a buen precio? ¿Rento algunos o los pido prestados a mis amigos?
- Envía una invitación oficial para añadir expectación a la fiesta. En ella sugiere a los invitados lo que deben llevar y así no lo olvidarán. Saca una copia fotostática de la invitación al final de este libro o haz una tú.
- *Vístete* para impresionar –cómodo y casual es lo mejor. No la hagas formal, pues la gente se preocupará por la ropa y la mayoría de los caballeros no estarán dispuestos a rentar un smoking si no tienen uno. Tampoco la hagas demasiado casual, pues muchos pensarán que se trata de una carne asada con cerveza y pronto se perderá el control.
- Trata de *evitar la cerveza* –por la misma razón del punto anterior.
- Lo mejor es invitar de 20 a 40 personas. Menos de 20 invitados no forman una verdadera fiesta de cóctel. Más de 40 personas puede crear problemas, es mucho trabajo para el anfitrión y, de nuevo, puede salirse de control.
- Necesitarás aproximadamente *2 vasos* por persona, pero puedes usar menos si estás dispuesto a lavarlos constantemente. Por lo general, mientras más vasos haya es mejor. Pide algunos a amigos. Los vasos nunca sobran.
- Di a los invitados *lo que deben llevar* e informa al final a tus amigos más cercanos (a ellos no les importará). De esta forma, si alguien cancela, y siempre alguien lo hace, tus amigos cercanos pueden llevar las botellas que faltan, así no todo estará perdido. Además, tú eres la última opción.
- Pide a las parejas que *lleven* las botellas más caras, frutas o jugos. A tus amigos con mejor posición económica encárgales botellas costosas y a los invitados menos adinerados pídeles que lleven las botellas más baratas. Recuerda que los costos subirán si tú pones los vasos, bocadillos, hielo, etcétera, así que no debes comprar las botellas… pero si algún ingrediente clave se termina durante la fiesta, tú tendrás que encargarte de ello.

- Mujeres y hombres –no invites exclusivamente a unos u otros, pues se perdería el toque romántico. Además, siempre será mejor que alguien del sexo opuesto diga: "¡Quiero un orgasmo, por favor!" (bueno, para la mayoría de las personas).
- Lo ideal es pedir a cada persona que lleve *una botella y frutas*, por ejemplo:

  Cointreau y fresas, o
  Bacardi y jugo de naranja, o
  Kahlúa y crema de licor.

  Los cócteles no sólo llevan alcohol, todos los ingredientes les dan ese sabor tan especial.
- No olvides o subestimes el *hielo*. Un cálculo aproximado es una bolsa promedio por cada cinco personas. Recuerda que se derrite, así que mantenlo en una hielera.
- Ten a la mano un *pica hielo* o *martillo limpio* para romper el hielo que forme grandes bloques.
- *Adornos* –melones, piñas, naranjas, limones y fresas. Pícalos, rebánalos y colócalos en el vaso. Usa tu imaginación u observa la fotografía y trata de copiarla. Consigue sombrillas o palillos de colores pues siempre lucen y no son caros. No olvides las pajillas o popotes y recuerda, una bebida sabe mejor en un vaso bien arreglado. Como regla general:

  Cócteles de frutas – frutas, sombrillas y pajillas o popotes
  Cócteles de crema – sólo fresas
  Cócteles fuertes – sólo una rebanada de limón
- El primer par de cócteles por persona debe estar bellamente adornado, pero conforme pase la noche... al diablo con el adorno. Todos estarán bebiendo y divirtiéndose sin importar los adornos.
- *Prepara* todo con anticipación. Adorna unos vasos antes de que lleguen los invitados.
- *Qué tanta fruta* tener:

  1 canastilla de fresas por cada 5 personas
  1 lata de mango rebanado por cada 5 personas
  1 plátano por cada 5 personas
  1 melón (dulce, chino, etcétera) por cada 30 personas
  1 piña chica por todos los invitados
- Ten a la mano un par de *paños de cocina*. Los accidentes suelen pasar y puedes secarte las manos con ellos. Que no te pongan de mal humor los accidentes, simplemente límpialos. Un "quita-manchas" a la mano también es una buena idea.

- *Atención:* Cuando prepares una bebida, *sírvela como se indica*:

Baileys	en la parte superior	al final
Midori	en medio	sírvelo en segundo lugar
Kahlúa	hasta el fondo	sírvelo primero

  Así, el ingrediente que va al final de la lista se sirve primero, después el ingrediente que sigue. El ingrediente que va al principio en la lista es el último en servirse. Es fácil.
- Quita todos los artículos innecesarios de la mesa de cocina. El horno de microondas, los fruteros, etcétera, deben ser eliminados. *El espacio en la mesa* de cocina es muy importante. Durante la fiesta mantén la mesa limpia para que la parte de abajo de los vasos siempre esté limpia. Coloca las botellas en su lugar después de usarlas y utiliza el paño de cocina para limpiar el área de trabajo.
- Deja un espacio en la mesa para poner los vasos sucios (aproximadamente el espacio que ocupan 20 vasos); no dejes que los coloquen sobre el área de trabajo. Puedes usar la parte superior de la estufa.
- Deposita todas las *tapas de las botellas* en una cubeta o en un vaso. Abrir y cerrar las botellas cada vez que las utilices hace más lento el trabajo. Al final de la fiesta, puedes preocuparte por ver qué tapa pertenece a qué botella.
- Trata de que dos personas se encarguen de *preparar los cócteles*. De esta forma podrás culpar a tu "ayudante" y, además, es más rápido y divertido prepararlos.
- Un buen barman siempre *prueba cada nuevo cóctel* antes que los invitados. Hazlo con una pajilla o popote o vierte un poco en un vaso de "pruebas"; no querrás que te saquen de tu propia fiesta por servir un fiasco.
- Comienza la noche con algunas de las *bebidas preferidas en las fiestas*, como el Daiquiri de mango, un Empalme, un Orgasmo licuado, una Zapatilla japonesa o una Piña Colada.
- Prepárate para un poco de *desorden* al final de la velada y una gran jornada de limpieza a la mañana siguiente.
- Las *fiestas con un tema en particular* suelen ser divertidas pero, por lo general, los cócteles son suficiente.
- *Evita que todos entren a la cocina.* De lo contrario, no tendrás espacio suficiente para trabajar, lo cual es muy molesto.
- Este libro vive *en la cocina*, no lo dejes "vagar".
- Como anfitrión, intenta *resaltar*. Vístete con algo brillante o usa un chaleco y corbata de moño. No vistas nada holgado, como una corbata con el nudo flojo o una camisa sin abotonar, no se ve nada bien.
- Consigue una persona dispuesta a *lavar vasos*. Tu labor es preparar cócteles y no les molestará ayudarte. No uses la

lavadora de platos, pues los vasos saldrán demasiado calientes. Lava los vasos de cócteles con crema con agua caliente, lava los demás con agua fría; así estarán limpios y listos para usarse después de secarlos con el paño de cocina. Es importante que limpies las huellas de lápiz labial con un paño limpio.

- *Alienta a los invitados* a que prueben cócteles suaves si sólo están bebiendo licores fuertes. Detén a los tipos que únicamente están probando cócteles fuertes, pues sólo se necesita un borracho para arruinar una buena fiesta. Un par de bebidas fuertes y un par de cócteles regulares son suficiente para tener una gran velada.
- Por lo general es mejor que algunas personas no manejen de regreso a sus hogares. Informa a tus invitados que hay suficiente espacio en tu casa para que se queden si quieren. Quizá sea conveniente que traigan una almohada o sacos para dormir. Ten a la mano el teléfono de los taxis por si se ofrece. Recuerda: si tomas no manejes (puedes manchar el asiento).
- Si alguien festeja su cumpleaños en la fiesta consíguele un ejemplar de este libro, así habrá una copia en la cocina y otra para quien quiera leerla y dejarán de molestarte pidiéndote que los dejes ver el ejemplar.

Papitas, dips, bocadillos, nueces y cacahuates (ver página 12).

LO ESENCIAL

La siguiente es una lista de lo esencial para una exitosa fiesta de cóctel. Algunas botellas se usan para preparar muchos cócteles así que quizá necesites más de una.

ALCOHOL

Bacardi
Cointreau
Kahlúa
Baileys
Sambuca
Midori
Malibu
Vodka
Tequila

COMPLEMENTOS Y OTROS

Licuadora y coctelera
Vasos
Hielo
Jarabe natural
Jugo de limón
Jugo de piña
Crema
Leche
Fruta
Abrelatas
Recetas cocteleras

No olvides la *música*, pero deja que alguien más se encargue. Coloca unos *ceniceros* afuera para los fumadores y pon algunos bocadillos pues la gente suele beber y comer, o beber y fumar.

TRUCOS DEL OFICIO

- Si no puedes comprar el *jarabe natural*, entonces prepara uno. Hierve 600ml de agua y añade azúcar, agita hasta que se disuelva perfectamente el azúcar. El jarabe natural se usa para Daiquiris. Hazlo con anticipación (el jarabe natural caliente eleva la temperatura de las bebidas) y déjalo enfriar en el refrigerador.
- *Una alternativa para el jarabe natural* es el jarabe de lima. Tiene casi el mismo nivel de dulce que el jarabe natural y añade un sabor cítrico al cóctel. En bebidas como el Daiquiri se agrega jugo de limón, así que el sabor a lima no afecta la bebida. Se puede usar jarabe de lima donde se indica jarabe natural. Si lo hacen en los bares, ¿por qué no hacerlo en casa?
- Al preparar cócteles no necesitas *caballito medidor*. Es más impresionante servir libremente de la botella con "chupones" que hacerlo poco a poco hasta lograr la medida exacta. Practica sirviendo 30ml en un caballito o en una copa hasta que logres vaciar entre 25 y 35 ml. Cuando agregues los demás ingredientes al cóctel, no importa si sirves 5ml de más. Los "chupones" añaden ese toque de elegancia a la noche, se consiguen a buen precio en tiendas especializadas. No son indispensables, pero se ven bien.
- En este libro verás que las recetas indican *partes* en lugar de medidas de 30ml; la razón es que los cócteles casi siempre se preparan en la licuadora y obtienes 2, 3 ó 4 vasos del mismo vaso de la licuadora. Si sólo preparas un vaso, *una parte es igual a 30 ml*. (La excepción son los tragos solos, que serán 10 – 10 – 10).
- Si haces tres Piñas Coladas en la misma licuadora tendrás que verter 90ml de Bacardi. Así que *vierte 30 – 30 – 30*. Es sencillo.
- Al verter una bebida en capas a un vaso *no necesitas usar una cuchara*. Es más rápido y fácil –y da mejores resultados– si inclinas el vaso para que el líquido se deslice hasta el fondo. Si es necesario pide a alguien que te ayude y que prepare cinco a la vez –así es más rápido.
- Las pajillas o popotes sólo vienen en un tamaño. Para bebidas en vasos bajos o Martinis, necesitas uno corto. Usa un cuchillo sin dientes, córtalos a la mitad y pon la parte donde cortaste dentro de la bebida.
- Por cada uno de los ingredientes que no contienen alcohol hay una *indicación* de qué tanto poner en la bebida. Para

bebidas menos fuertes usa menos alcohol. Para bebidas más fuertes usa más alcohol. Pero en general *haz que la bebida llene el vaso*. Es aburrido seguir las instrucciones al pie de la letra, es más lento el trabajo y al final tendrás demasiado o muy poco cóctel para el vaso.

- ¡Se trata de que tú también te diviertas! *Prueba* para ver si salió bien el cóctel y agrega lo que creas es necesario al vaso.
- *Dos licuadoras* son mejor que una –es más rápido y práctico. Seguramente uno de tus amigos puede prestarte una.
- La *granadina* es un colorante *rojo/rosa* que se añade a varios cócteles para avivar el color. Es muy fácil verter de más; para evitarlo corta a lo largo 1/3 de un corcho de botella y ponlo en botella de granadina o perfora la tapa con un pica hielo. Así, sólo saldrá un poco cuando se requiera. Puedes añadir más si falta, pero no quitarlo una vez vertido.
- *Evita usar* maracuyá y kiwi porque, aunque saben bien, dejan pequeños huesillos negros en el cóctel y le dan un sabor arenoso. No uses sandía por su gruesa cáscara, por las semillas y porque no sabe bien en cócteles.
- Corta la parte superior de las fresas y *encájalas* sobre el borde del vaso. No las rebanes, se detienen mejor sobre el vaso si las encajas y no te quita tanto tiempo. Si eliminas la parte superior de las fresas, a la mañana siguiente no tendrás que limpiar todas esas "partes verdes", ya que a la gente le encanta comerse las fresas.
- Cuando prepares *Daiquiris* puedes cambiarles por completo el sabor si agregas leche o crema. Inténtalo, quizá te agrade.
- *Utiliza fruta enlatada* en los cócteles en lugar de fresca, pues normalmente es más suave y se mezcla con mayor facilidad, da suavidad a los cócteles. Es mejor que las fresas y los plátanos sean naturales.
- Al *utilizar una coctelera* llena la mitad con hielo, 4 ó 5 cubos está bien.
- Para *comenzar la fiesta* pide a un amigo que dé una vuelta ofreciendo tragos, como si se tratara de bocadillos, sólo que en esta ocasión será algo de alcohol.
- Para cambiar, quizá prefieras *licuar en lugar de agitar* los cócteles. Da muy buenos resultados con bebidas cremosas.
- *Coloca las pajillas o popotes*, sombrillas y palillos en vasos apropiados sobre la barra para que cualquiera pueda tomarlos. Es una verdadera molestia buscarlos en una bolsa de plástico.

VASOS Y MATERIALES

VASOS

- Ten una *variedad de 3 ó 4 vasos*. Está bien si usas sólo de un tipo, pero es aburrido. Para compensar, te sugiero que adornes más vasos y que lo hagas de manera única y diferente.
- Además de los vasos que tengas en casa, consigue vasos de Jaibol, Martini y muchos vasos para cóctel. *Echa un vistazo* a todas las fotografías y verás a qué tipo de vasos me refiero.
- Lo más importante es utilizar vasos con *base firme*. Las copas para vino no son buena idea, pues se voltean con mucha facilidad.
- Los *vasos largos y elegantes para cóctel* son geniales, pero nunca hay suficientes y la gente se siente lastimada al ver que su cóctel se sirvió en un vaso diferente al de su compañero; no te molestes en obtener este tipo de vaso.
- Consigue *vasos para tragos solos* (como los que hay en los bares). Pide a tus amigos que hurguen en las cantinas de sus padres, te sorprenderá saber quién guarda ese tipo de vasos.
- *No uses vasos de plástico*. Son ligeros y se voltean con facilidad. Además es difícil adornarlos y hacen que tu fiesta pierda clase. Siempre usa de vidrio.

PAPITAS, DIPS, BOCADILLOS Y NUECES

- *Papitas* – "Las papas fritas son las mejores". Compra enchiladas y las clásicas saladas, pues aunque las enchiladas te hacen beber más, no a todos les gustan. Las papitas gruesas son muy buenas porque no se rompen al meterlas al dip.
- *Dips* – cualquier sabor está bien; cómpralo en el supermercado o prepáralo a tu gusto.
- *Bocadillos* – los canapés para fiesta y las salchichas siempre caen de maravilla a las 11 de la noche. Los demás bocadillos dependen de qué tanto tiempo y problemas quieras tener… sin embargo, recuerda que la gente asiste por los cócteles, no por la comida.
- *Nueces* – las almendras por lo general desparecen en un santiamén, por ello se recomiendan las nueces y pistaches salados, ya que duran más y lo salado hace que la gente beba más.
- *Cacahuates* – son de las botanas consentidas y no faltan en las reuniones. Salados, enchilados, estilo japonés, surtidos o como los prefieras, son deliciosos.

Y SI NO TENGO...

Bacardi: Cualquier Ron blanco, Vodka, Cointreau o una combinación de ambos (para Daiquiris); si estás desesperado usa una mezcla de Ginebra y Tequila.

Baileys: Crema de Grand Marnier, Crema de plátano o en caso de urgencia intenta el Kahlúa con crema.

Cointreau: Grand Marnier, Triple Seco o prueba Brandy y OJ.

Kahlúa: Tía María o Baileys.

Malibu: Usa Crema de coco y Vodka o si es una emergencia usa Wipeout o Bombora.

Midori: Experimenta con otros Licores de fruta como mango, plátano o fresa, o mezcla un poco de pulpa de melón y añade Vodka.

Sambuca: Sólo en caso de emergencia usa Ouzo o Pernod.

Tequila: Vodka o Bacardi.

Vodka: Bacardi, Cointreau o intenta Ginebra, Tequila o Aguardiente (no demasiado).

Cualquier color: Azul – Curazao azul; Verde – Crema de menta; Rojo – Granadina; Amarillo – Licor de plátano o Advocaat.

Cualquier cosa que sobre: Improvisa y experimenta. Usa fruta, hielo y licuadora, bate fruta enlatada de la alacena, usa leche, crema y helado, colorantes, chocolate – *¡pero pruébalo antes de servirlo!*

Recetas (Nota: a excepción de los cócteles más comunes, los nombres varían según el lugar y la época en la que se sirven. Nosotros los bautizamos a nuestra manera... ¡tú puedes hacer lo mismo y divertirte!).

AFTER DINNER MINT
(MENTADA)

1 parte de Baileys
1 parte de Crema de menta
1 parte de Kahlúa
(En capas)

AMERICA'S CUP
(COPA AMERICANA)

2 partes de Comfort Sureño
1 parte de Bacardi
1 parte de Galiano
3 partes de jugo de piña
3 partes de jugo de naranja
3 partes de crema
(Agitar)

ANABOLIC STEROID (ESTEROIDE ANABÓLICO)

1 parte de Cointreau
1 parte de Midori
1 parte de Curazao azul
(En capas)

BETWEEN THE SHEETS
(ENTRE LAS SÁBANAS)

1 parte de Brandy
1 Parte de Bacardi
1 parte de Cointreau
½ parte de jugo de limón
(Agitar)

B-52

1 parte de Cointreau
1 parte de Baileys
1 parte de Kahlúa
(En capas)
o
Añadir 2 partes de crema, hielo y licuar

BIZARRE
(BIZARRO)

1 parte de Licor de fresa
1 parte de Malibu
1 parte de Opal Nera
2 partes de crema
(Agitar)

BLACK NIPLE
(PEZÓN NEGRO)

1 parte de Baileys
1 parte de Opal Nera
(En capas)

BLACK RUSSIAN
(RUSO NEGRO)

1 parte de Kahlúa
1 parte de Vodka
Hielo
(Servir)

Para un Ruso Negro más suave agregar 4 partes de Coca Cola

Para un Ruso Blanco agregar leche en lugar de Coca Cola

BLACK WIDOW
(VIUDA NEGRA)

1 parte de crema
1 parte de Opal Nera
1 parte de Licor de fresa
(En capas)

BLOW JOB
(MAMADA)

1 parte de Baileys
1 parte de Licor de plátano
1 parte de Kahlúa
(En capas)

BLUE HAWAII
(HAWAI AZUL)

1 parte de Bacardi
1 parte de Curazao azul
4 partes de jugo de piña
1 parte de crema
Hielo
(Licuar)

BRAIN HAEMORRHAGE (HEMORRAGIA CEREBRAL)

4 gotas de Granadina en la parte superior
1/5 parte de Baileys
2/5 partes de Sambuca
2/5 partes de Midori
(En capas lentamente)

BRANDY ALEXANDER

1 parte de Brandy
1 parte de Crema de Cacao
2 partes de crema
(Agitar)
Nuez moscada encima

CARESSER
(CARICIA)

1 parte de Baileys
1 parte de Bacardi
4 partes de leche
Hielo
(Servir)

CHEEKY GIRL
(CHICA FÁCIL)

1 parte de Kahlúa
1 parte de Licor de plátano
½ parte de Brandy
½ parte de Malibu
½ plátano
2 partes de crema
Hielo
(Licuar)

CHEER
(¡ ÁNIMO !)

1 parte de Midori
1 parte de Ginebra
1 parte de Jarabe de lima
Mucho hielo
(Licuar)
Después añadir 6 partes de limonada

CHERRY RIPE
(MADRE CEREZA)

1 parte de Crema de Cacao
1 parte de Brandy de cereza o Advocaat de cereza
½ parte de Malibu
2 partes de crema
(Agitar)

CHICKEN FOETUS
(FETO DE POLLO)

1 chorrito de Advocaat
1 chorrito de Advocaat de cereza
¼ parte de Baileys
¾ partes de Sambuca
(En capas)

COFFEE BREAK
(DESCANSO)

2 partes de Tía María
1 parte de Malibu
4 partes de leche
Hielo
(Servir)

COINTREAU AND LIME (COINTREAU Y LIMA)

1 chorrito de Cointreau
1/4 de lima o limón fresco, cortado en cuartos
Hielo escarchado
(Servir)

Exprimir el jugo de lima en el vaso, llenarlo con hielo y añadir el Cointreau. Agitar (un triturador miniatura es lo mejor)

CUMFY ALEXANDER
(ALEXANDER SUREÑO)

1 parte de Comfort Sureño
1 parte de Crema de cacao
2 partes de crema
(Agitar)

DAIQUIRIS

1 parte de Licor de frutas
1 parte de Bacardi
½ parte de jugo de limón
½ parte de jarabe natural
Fruta
Hielo
(Licuar)

DAIQUIRIS

Plátano
Fresa
Melón
Mango, Durazno
Chabacano, Piña
Kiwi, Lichi o
cualquier fruta
Si no hay licor de fruta
usar Bacardi doble

DEATH
(MUERTE)

1 parte de Tequila
1 parte de Opal Nera
(En capas)

DIRTY DEVIL
(DULCE DIABLO)

1 parte de Licor de fresa
1 parte de Kahlúa
1 chorrito de Malibu
Fresas
2 partes de crema
Hielo
(Licuar)

FLAMING LAMBOURGHINI (LAMBOURGHINI FLAMEANTE)

1 parte de Kahlúa
1 parte de Brandy
1 parte de Grand Marnier
1 parte de Ron dominicano
en la parte de arriba (al final)
Encender, absorber con una
pajilla o popote RÁPIDAMENTE,
y cuando casi se termine, servir un
caballito de Curazao azul
o Crema de menta.

FLUFFY DUCK
(PATO ESPONJADO)

1 parte de Advocaat
1 parte de Cointreau
1 parte de crema
10 partes de limonada (añadir lentamente)
(Licuar y servir)

FREDDY FUDDPUCKER

1 parte de Tequila
½ parte de Galiano
6 partes de jugo de naranja
Hielo
(Servir)

FROOZE

1 parte de Cointreau
1 parte de Midori
1 parte de Malibu
2 partes de leche
Hielo
(Licuar)

GOLDEN DREAM
(SUEÑO DORADO)

1 parte de Cointreau
½ parte de Galiano
2 partes de jugo de naranja
1 parte de crema
(Agitar)

GRASSHOPPER
(SALTAMONTES)

1 parte de Crema de menta
1 parte de Crema de cacao
2 partes de crema
(Agitar)

HARBOUR TUNNEL (TUNEL DE ALBERGUE)

1 parte de Kahlúa
1 parte de Crema de cacao
1 parte de Baileys
4 partes de leche
Hielo
(Licuar)
Chocolate en polvo encima

HARD ON
(ERECCIÓN)

1 parte de Tequila
1 parte de Comfort Sureño
1 parte de Kahlúa
(En capas)

HARVEY WALLBANGER
(DESARMADOR PLUS)

1 parte de Galiano
1 parte de Vodka
6 partes de jugo de naranja
Hielo
(Servir)

HAWAIIAN HONEYMOON (LUNA DE MIEL HAWAIANA)

1 parte de Bacardi
1 parte de Sambuca
2 partes de jugo de naranja
2 partes de jugo de piña
½ parte de jugo de limón
Hielo
(Servir)

HELLRAISER
(REBELDE SIN CAUSA)

1 parte de Opal Nera
1 parte de Midori
1 parte de Licor de fresa
(En capas)

HOT DREAM
(SUEÑO CALIENTE)

1 parte de Cointreau
1 parte de Galiano
2 partes de jugo de piña
1 parte de crema
Hielo
(Licuar)

ILLUSION
(ILUSIÓN)

1 parte de Cointreau
1 parte de Midori
1 parte de Vodka
1 parte de jugo de limón
(Agitar)

I'M LONELY TONIGHT (ESTOY SOLO ESTA NOCHE)

1 parte de Bacardi
1 parte de Vodka
1 chorrito de Licor amargo
1 parte de jugo de limón
Hielo
(Servir)

IRISH BANANA (PLÁTANO IRLANDÉS)

1 parte de Licor de plátano
1 parte de Baileys
1 parte de crema
½ plátano
Hielo
(Licuar)

ISLANDER
(ISLEÑO)

1 parte de Bacardi
1 parte de Malibu
1 parte de Licor de plátano
(En capas)

JAPANESE SLIPPER
(ZAPATILLA JAPONESA)

1 parte de Cointreau
1 parte de Midori
1 parte de jugo de limón
(Agitar)

JUMPING JACK
(JACK EL SALTARÍN)

1 parte de Vodka
½ parte de Galiano
1 parte de jugo de limón
Vierte encima Coca Cola o limonada
Hielo
(Servir)

JUNGLE JUICE
(JUGO DE LA JUNGLA)

1 parte de Comfort Sureño
1 parte de Bacardi
1 parte de Malibu
1 parte de crema
3 partes de jugo de piña
½ plátano
Hielo
(Licuar)

LICK SIP SUCK (1, 2, 3 A CABALLO)

(Uno de los favoritos)
1 caballito de Tequila
Paso 1: prueba la sal
Paso 2: absorbe el Tequila
Paso 3: chupa el limón

LONG ISLAND ICED TEA (TÉ HELADO NEOYORQUINO)

1 parte de Bacardi
1 parte de Vodka
1 parte de Tequila
1 parte de Ginebra
½ parte de Cointreau
½ parte de jugo de limón
Hielo
(Servir en un vaso grande)
Vierte Coca Cola encima

LONG SLOW COMFORTABLE SCREW UP AGAINST A WALL (ARRINCONADO)

1 parte de Comfort Sureño
1 parte de Vodka
½ parte de Galiano
½ parte de Ginebra
4 partes de jugo de naranja
Hielo
(Servir)

MAI TAI

2 partes de Bacardi
1 parte de Cointreau
1 parte de Jarabe de lima
1 parte de jugo de limón
1 chorrito de Granadina
(Agitar)

MANDINGO

1 parte de Midori
1 parte de Licor de mango
1 parte de jugo de limón
Mango enlatado
Hielo
(Licuar)

MANGO MORNING
(MANGANERO)

1 parte de Licor de mango
1 parte de Cointreau
Rebanadas de mango enlatado
1 parte de jugo de naranja
1 parte de jugo de limón
1 parte de jarabe natural
Hielo
(Licuar)

MARGUERITA
(MARGARITA)

1 parte de Cointreau
1 parte de Tequila
1 parte de jugo de limón
(Agitar)

FRUIT MARGUERITAS (MARGARITAS DE FRUTAS)

Preparar la Margarita y añadir:
Midori
o Licor de fresa
o Licor de mango
Añadir mucho hielo para preparar
una Margarita helada
(Licuar)

MOIST SLIME
(LODO VERDE)

1 parte de Cointreau
½ parte de Galiano
½ parte de Crema de menta
2 partes de jugo de piña
1 parte de crema
Hielo
(Agitar)

MOTHER
(MADRE)

2 partes de Baileys
1 parte de Malibu
1 parte de Vodka
1 chorrito de Granadina
Hielo
(Licuar)
Usar una copa de
Champaña o de Martini

NICE ONE
(AGRADABLE)

1 parte de Malibu
1 parte de Licor de plátano
1 parte de Vodka
3 partes de jugo de piña
1 parte de crema
Hielo
(Licuar)

NOT NOW HONEY
(AHORA NO NENA)

1 parte de Kahlúa
1 parte de Licor de fresa
1 parte de Brandy
Fresas
1 chorrito de jugo de limón
4 partes de crema
Granadina
Hielo
(Licuar)

OPAL ORGASM
(ORGASMO DE ÓPALO)

1 parte de crema
1 parte de Cointreau
1 parte de Baileys
1 parte de Opal Nera
(En capas)

ORGASM
(ORGASMO)

1 parte de Cointreau
1 parte de Baileys
(En capas o Agitar)
Y agregar hielo

ORGASM VARIATONS (ORGASMOS)

Para un Orgasmo mezclado añadir leche y hielo (Licuar)

Para uno que te haga gritar agregar Galiano

Para un Orgasmo Múltiple agregar Licor de fresa

PINA COLADA
(PIÑA COLADA)

1 parte de Malibu
1 parte de Bacardi
3 partes de jugo de piña
1 chorrito de crema
Hielo
(Licuar)

PINA COLADAS
(FRUTAS COLADAS)

Preparar la Piña Colada y añadir:
1 parte de licor de frutas y cualquier fruta como: plátano, fresa o melón

PINK SLIPPER
(ZAPATILLA ROSA)

1 parte de Cointreau
1 parte de Bacardi
3 partes de Champaña
Fresas
Hielo
(Licuar)

PLASTERED POSSUM (COMADREJA BORRACHA)

1 parte de Midori
1 parte de Cointreau
1 parte de Galiano
4 partes de jugo de piña
1 parte de crema
(Agitar)

Q F
(QP2)

1 parte de Baileys
1 parte de Midori
1 parte de Kahlúa
(En capas)

QUICK ALEXANDER (ALEXANDER LIGERO)

1 parte de Midori
1 parte de Baileys
1 parte de Crema de cacao
3 partes de crema
(Agitar)

QUICK COMFORT
(RÁPIDO ALIVIO)

1 parte de Comfort Sureño
1 parte de Midori
1 parte de Kahlúa
(En capas)

SAFE SEX
(SEXO SEGURO)

1 parte de Cointreau
1 parte de Baileys
1 parte de Licor de fresa
(En capas)

SCUD MISSILE
(MISIL SCUD)

1 parte de Malibu
1 parte de Baileys
1 parte de Kahlúa
(En capas)

SEX IN THE SNOW (SEXO FRÍO)

1 parte de Cointreau
1 parte de Malibu
1 parte de Sambuca
(Directo)

SEX ON THE BEACH
(SEXO EN LA PLAYA)

2 partes de Midori
1 parte de Vodka
1 parte de Licor de fresa
2 partes de jugo de piña
1 chorrito de Granadina
Hielo
(Licuar)

SHORT LEG
(PIERNA CORTA)

1 parte de Cointreau
1 parte de Ginebra
2 partes de jugo de naranja
½ parte de jugo de limón
Hielo
(Mezclar)

SLIPPERY NIPPLE
(PEZÓN RESBALOSO)

1 parte de Baileys
1 parte de Sambuca
(En capas)

SLYDE YOUR THIGH
(CARICIA BAJA)

1 parte de Licor de plátano
1 parte de Crema de cacao
1 parte de Midori
2 partes de crema
(Agitar)

SNAKE IN THE GRASS
(SERPIENTE EN EL CÉSPED)

2 partes de Baileys
1 parte de Crema de menta
Crema (opcional)
(Agitar)

SPEARMINT SMOOTHIE (MENTA SUAVE)

1 parte de Crema de menta
1 parte de Kahlúa
4 partes de leche
2 partes de crema
Mucho Hielo
(Licuar)

SPLICE
(MATRICIDIO)

1 parte de Midori
½ parte de Malibu
4 partes de jugo de piña
1 parte de crema
Hielo
(Licuar)
Agregar una bola de helado (al gusto)

STORMY MONDAY
(LUNES TORMENTOSO)

1 parte de Comfort Sureño
1 parte de Malibu
4 partes de jugo de naranja
Hielo
(Servir)

SWEET MARIA
(DULCE MARÍA)

1 parte de Bourbon
1 parte de Tía María
2 partes de crema
(Agitar)

TEQUILA SUNRISE

1 parte de Tequila
8 partes de jugo de naranja
1 chorrito de Granadina (al final)
(Servir)

3-2-1

1 parte de Midori
1 parte de Licor de fresa
1 parte de Licor de plátano
(En capas)

TIME OUT
(TIEMPO FUERA)

1 parte de Brandy
1 parte de Kahlúa
2 partes de jugo de naranja
1 parte de crema
Duraznos
1 chorrito de Granadina
(Licuar)

2 B SLIPPERY
(RESBALOSO)

1 parte de Opal Nera
1 parte de Jarabe de lima
Hielo
(Servir)

V- BOMB
(BOMBA – V)

2 partes de Vodka
fi parte de jugo de limón
Añadir West Coast Cooler
Hielo
(Servir)
Usar un tarro cervecero

VELVET HUE
(ATERCIOPELADO)

1 parte de Brandy
1 parte de Kahlúa
1 parte de Cointreau
3 partes de crema
(Agitar)

VIBRATOR
(VIBRADOR)

1 parte de Baileys
1 parte de Malibu
1 parte de Licor de plátano
(En capas)

WHISPER
(SUSURRO)

1 parte de Licor de fresa
1 parte de Licor de mango
1 parte de jugo de lima
1 parte de jugo de limón
Duraznos
Hielo
(Licuar)

ZOMBIE

1 parte de Bundy OP
1 parte de Bundy UP
1 parte de Bacardi
1 parte de Brandy
1 parte de jarabe natural
2 partes de jugo de naranja
2 partes de jugo de piña
1 parte de jugo de limón
Hielo
(Agitar)

ZULU WARRIOR
(GUERRERO ZULU)

1 parte de Midori
1 parte de Licor de fresa
1 parte de jugo de limón
Fresas
Melón
Hielo
(Licuar)

LA PÁGINA DE LOS PONCHES

Prepara estos ponches para agregar algo especial a la noche, sobre todo si vas a tener muchos invitados (La Sangría es mi favorita –Murray).

SANGRÍA

1 botella de vino tinto (bastante rojo)
2 chorritos de Brandy
2 chorritos de Bacardi
2 chorritos de Cointreau
Jugo de naranja (equivalente a la botella de vino)
Fruta (naranja, limón, manzana)
Azúcar (al gusto)
(1 chorrito = 30ml)

PONCHE TORTUGA (TURTLE PUNCH)

Jarabe verde
Vino blanco seco
(Probar en un vaso antes de hacer toda la olla)

PONCHE MIDORI

½ botella de Midori
½ botella de Vodka
2 litros de limonada
1 litro de jugo de piña
Hielo

PONCHE DE GINEBRA

1 botella de Ginebra
1¼ de litro de jugo de piña
1¼ de litro de limonada
3 chorritos de jugo de limón
1 litro de jugo de naranja
Fruta

CÓCTELES SIN ALCOHOL

El hecho de que alguien deba manejar no lo obliga a pasar toda la noche bebiendo una aburrida Coca Cola, prepárale algo especial. Llámalo "Anti-aburrimiento" o como prefieras.

Preparar las siguientes bebidas.

Bitters + jugo de naranja + jugo de piña + hielo

Jugo de naranja + jarabe de lima + jugo de limón + hielo

Shirley Temple = Ginger ale + Granadina

Araña (Spider) = Coca Cola + helado

PARA EL CONDUCTOR DESIGNADO

Combina varias mezclas de frutas, helados y jugos hasta que encuentres uno que te agrade.
Plátanos, fresas, leche y helado combinan bien.
El mango y el melón combinan con leche o jugo.
Siempre adorna los cócteles sin alcohol, pues si te mantienes sobrio por lo menos desearás que tu bebida se vea bien, lo cual pierde importancia cuando has bebido algunos cócteles con alcohol.
Es mejor mantener felices a las personas que van a manejar.

ÍNDICE POR NOMBRE

ÍNDICE POR TIPO

Cremoso

Con frutas

Fuerte

Notas:

- **Opal Nera:** Tipo de Sambuca negro.
- **Southern Comfort:** Licor de whiskey con un toque dulce hecho en E.U.A. Conocido en el mundo como "La Gran Legendaria Bebida del Sur".
- **Lima Cordial (Lime Cordial):** Mezcla de azúcar y jugo de limón concentrado (jarabe de lima).
- **Cherry Advocaat:** Licor hecho con cerezas, huevo, azúcar y brandy. Se compra en licorerías.
- **Advocaat:** Licor hecho con huevo, azúcar y brandy, de color amarillo. Se compra en licorerías.
- **Bundy Op:** Ron oscuro. OP significa con más de 50 grados de alcohol.
- **Bundy Up:** Ron oscuro. UP significa con menos de 50 grados de alcohol.
- **Bitters:** Licor amargo.
- **West Coast Cooler:** Bebida alcohólica con base de vino blanco y sabores de fruta.
- **Tía María:** Licor de café de base de ron producido en Jamaica. Es de color ámbar oscuro, de sabor caramelo picante, dulce y de aroma de café.

INVITACIÓN

Para:

Tendremos una fiesta de cócteles legendarios y esperamos contar con tu presencia

Dirección:

Fecha:

Hora:

Favor de Traer:

Así que prepárate para una

FIESTA DE CÓCTELES LEGENDARIOS

De:

RSVP al Tel.:

Fecha: